Für alle Verliebten, Paare
und speziell für dich!

Dieses Buch gehört

_____

Inhalt

6

Hanna Grubhofer
Sigrun Eder
Hedda Christians

BAND 30
S🙂WAS!

WAS BRAUCHST DU IN DER LIEBE?

Paarbeziehungen liebevoll gestalten:
Gefühle ansprechen, Bedürfnisse
erkennen und Konflikte klären mit
Gewaltfreier Kommunikation

edition
riedenburg

Lade die Giraffe ein, um den Wolf zu verstehen

Ich bin Giovanni Giraffe. Wir Giraffen sind die Tiere mit dem allergrößten Herzen. Daher spüren wir besonders gut, wie es uns und anderen geht und was wir und sie brauchen könnten.

Auch in dir ist eine Giraffe und du spürst, wie es dir gerade geht und was dir guttut. Falls das nicht so ist, mach doch mal eine Pause und finde es heraus! Ich helfe dir gerne dabei.

 Vielleicht hast du mich schon in den anderen „Was brauchst du?"-Büchern entdeckt, die du deinen Kindern oder Schützlingen vorgelesen hast. Dieses „Was brauchst du?"-Buch ist nun für dich.

Bestimmt kennst du Phasen, in denen du in deiner partnerschaftlichen Beziehung oder in anderen Liebesangelegenheiten traurig, wütend, hilflos oder verunsichert zurückgeblieben bist.

In solchen Situationen kann es sein, dass du dein Herz verschließt und zu einem bedrohlichen, knurrenden Wolf oder zu einer zähnefletschenden Wölfin wirst. Dann sprichst du sogar wie ein Wolf/eine Wölfin und kannst deine Gefühle und Bedürfnisse nicht so gut ausdrücken.

Im Wolfsmodus bist du unfähig, die Gefühle und Bedürfnisse von dir und deinem Gegenüber richtig zu erkennen. Sogar dann, wenn Liebe im Spiel ist.

Suche die Giraffe in dir und finde heraus, was dein innerer Wolf dir sagen will:

Wie geht es dir?

Welches Bedürfnis ist gerade hungrig und möchte gestillt werden?

Fühle mit deinem Herzen und übe dich in der Giraffensprache. Sie macht deine Beziehung auf Dauer erfüllter und hilft dir, klar zu erkennen, was du fühlst und brauchst.

Im Giraffenmodus merkst du auch viel besser, was dein Gegenüber fühlt und braucht.

Auf den nächsten Seiten lernst du viele andere Tiere wie Harry Haselmaus, Gaggi Gams, Winnie Wildkatze, Nando Nasenbär, Lorna Löwe und Daniel Dackel kennen.

Du erfährst, weswegen sie unglücklich, verunsichert oder wütend sind. Ich unterstütze sie dabei, zu erkennen, wie sie sich fühlen und was sie gerade brauchen. Begleite mich dabei!

Die Seiten danach bringen frischen Wind in deine Beziehung. Sie helfen dir, zu entdecken, was du für eine erfüllende, authentische Beziehung mit dir selbst und anderen brauchst. Du bekommst außerdem gute Ideen, wie die Giraffensprache verzwickte Beziehungssituationen auflösen kann.

In den zahlreichen Übungen darfst du direkt ins Buch hineinschreiben und stellst schlussendlich fest: Das brauche ich – und das brauchst du.

Dein Giovanni Giraffe

9

Gambino Gams, Gaggi Gams und die vermisste Pünktlichkeit

Gambino Gams erreicht beschwingt die Bergkuppe, auf der er Gaggi Gams treffen möchte. Dort erwartet ihn jedoch eine vor Wut schnaubende Gaggi Gams.

„Da spurtet der stolze Herr endlich herbei!", begrüßt ihn Gaggi Gams höhnisch.

„Was ist denn los?", fragt Gambino Gams irritiert.

„Was los ist?", ruft Gaggi Gams aufgebracht. „Ich lasse alles liegen und stehen, um pünktlich zu sein und hetze mich noch dazu ab. Und du kommst tiefenentspannt eine halbe Stunde zu spät!"

„Ach Liebes, jetzt hab dich nicht so. Nun sind wir doch zusammen am Hügel", meint Gambino Gams versöhnlich und möchte seine Liebste küssen.

Doch die dreht sich weg.

Giovanni Giraffe kommt dazu und fragt: „Gambino, bist du gerade sehr ratlos?"

„Ja, ich möchte bloß in meinem eigenen Tempo bleiben und mit Gaggi ein bisschen Zeit voller Harmonie verbringen", seufzt Gambino Gams.

„Und du, Gaggi, bist du sauer, weil du gewartet hast?"

„Ja, denn ich teile mir meine Zeit gerne selbst ein", sagt Gaggi Gams mit Nachdruck.

„Ich verstehe euch beide", meint Giovanni Giraffe. „Das sind ziemlich unterschiedliche Bedürfnisse. Welchen Weg könnt ihr gehen, damit sich eure Bedürfnisse nach Harmonie, eigenem Tempo und Information dennoch erfüllen?", fragt er die beiden.

Welche Ideen Gambino Gams und Gaggi Gams einfallen, erfährst du auf der nächsten Seite.

Gambino möchte Harmonie und im eigenen Tempo sein und Gaggi braucht Information. Was können die beiden tun, um eine passende Lösung zu finden? Kreuze an.

○ Gambino und Gaggi holen einander ab, dann muss keiner warten.

○ Gambino ruft Gaggi dreißig Minuten vor dem Losgehen an und klärt, ob es beim vereinbarten Zeitpunkt bleibt.

○ Hast du noch eine andere Idee? Schreibe/Zeichne sie auf.

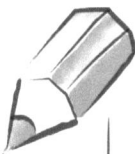

Hast du dich schon einmal wie Gambino oder Gaggi gefühlt? Was war da los? Halte deine Gedanken hier fest.

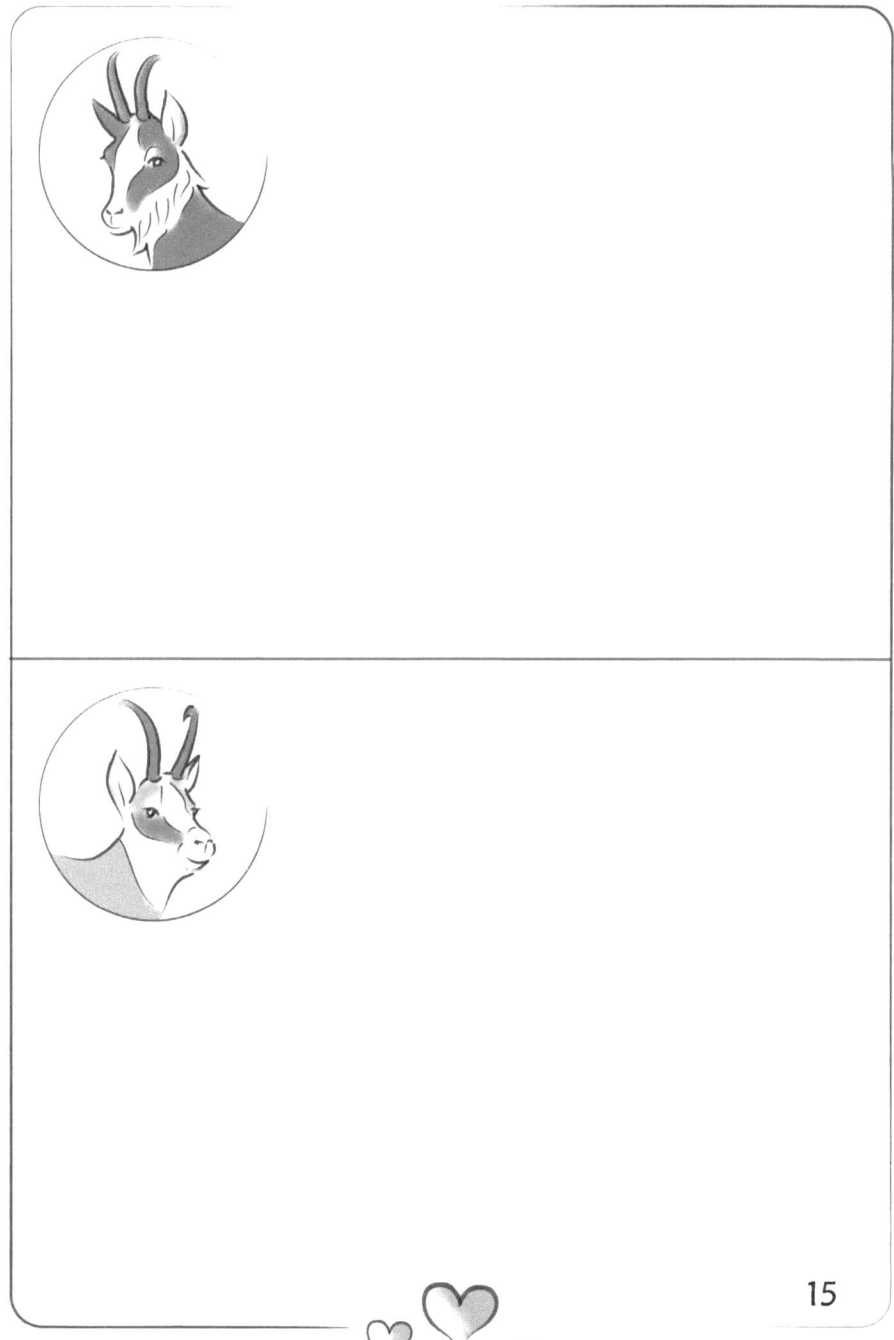

Winnie Wildkatze, Willy Wildkater und die fehlende Nähe

„Oh, wie ich deinen buschigen Schwanz liebe!", flüstert Winnie Wildkatze, während ihre Tatzen über den flauschigen Rücken von Willy Wildkater wandern. „Und deinen betörenden Duft, den mag ich noch viel mehr! Wenn ich den rieche, möchte ich dich sofort ganz intensiv spüren", maunzt sie. Verführerisch schmiegt sie sich besonders fest an den ersehnten Kater.

„Ich habe dich auch lieb, doch jetzt muss ich weiterarbeiten", sagt Willy Wildkater unbeeindruckt. Entschlossen schiebt er Winnie weg und widmet sich seiner Arbeit.

Winnie Wildkatze bleibt verdattert zurück. „Was ist nur los mit dir? Gefalle ich dir nicht mehr?", schluchzt sie verzweifelt.

Willy Wildkater runzelt die Stirn und schimpft, während er in den Laptop tippt: „Wie kannst du bloß so egoistisch sein? Du weißt genau, dass ich heute noch meinen Bericht über die Zukunft der Wildkatzen und Wildkater am Nordpol fertigstellen muss."

Giovanni Giraffe kommt dazu und fragt: „Winnie, bist du gerade sehr verunsichert?"

„Ja, Willy hat mich abgewiesen und ich frage mich, ob er mich überhaupt noch attraktiv findet", klagt Winnie.

„Und du, Willy, bist du unter Zeitdruck?"

„Ja, ich möchte mich jetzt nur auf die Arbeit fokussieren und nicht für Winnies wilde Phantasien zur Verfügung stehen. Für körperliche Nähe brauche ich einen freien Kopf", grummelt Willy.

„Ich verstehe euch beide", meint Giovanni Giraffe. „Das sind ziemlich unterschiedliche Bedürfnisse. Welchen Weg könnt ihr gehen, damit sich eure Bedürfnisse nach körperlicher Nähe und konzentrierter Ruhe dennoch erfüllen?", fragt er die beiden.

Welche Ideen Winnie Wildkatze und Willy Wildkater einfallen, erfährst du auf der nächsten Seite.

Winnie möchte körperliche Nähe, und Willy braucht Ruhe. Was können die beiden tun, um eine passende Lösung zu finden? Kreuze an.

○ Winnie teilt Willy mit, dass sie Nähe braucht. Dabei kommt sie ihm nicht zu nahe und Willy sagt Winnie, wann er den Kopf für sie frei hat.

○ Beide machen sich einen Zeitpunkt und ein Codewort für die körperliche Liebe aus.

○ Hast du noch eine andere Idee? Schreibe/Zeichne sie auf.

Hast du dich schon einmal wie Winnie oder Willy gefühlt? Was war da los? Halte deine Gedanken hier fest.

Raffaela Ratte, Radu Ratte und die ewige Eifersucht

„Hast du schon wieder Ramira Ratte getroffen?", durchlöchert Raffaela Ratte ihren Mann misstrauisch.

„Nein, wie kommst du denn darauf?", fragt Radu Ratte verblüfft.

„Ich rieche es mit meiner feinen Nase und ich sehe es dir an", erläutert Raffaela Ratte kühl.

„Das stimmt doch gar nicht! Hör endlich auf, so eifersüchtig zu sein. Ich habe Ramira Ratte schon seit Ewigkeiten nicht mehr gesehen! Und selbst wenn, würde ich dich nicht mit ihr betrügen", beschwichtigt Radu Ratte.

„Ach ja?", zischt Raffaela Ratte und funkelt ihn bitterböse an.

„Egal was ich tue oder sage, ich kann es ihr nicht recht machen", denkt Radu Ratte und zieht sich kopfschüttelnd zurück.

Giovanni Giraffe kommt dazu und fragt: „Raffaela, bist du gerade sehr verzweifelt?"

„Ja, denn ich weiß, dass Ramira Ratte auf ihn steht. Eine schlaue Ratte merkt das", sagt Raffaela Ratte bestimmt. „Ich möchte ihn nicht verlieren, ich liebe Radu", ergänzt sie leise mit etwas zittriger Stimme.

„Und du, Radu, bist du unschlüssig, was du machen sollst?"

„Ja, diese wiederkehrenden Beschuldigungen sind zermürbend", seufzt Radu Ratte erschöpft.

„Ich verstehe euch beide", meint Giovanni Giraffe. „Das sind unterschiedliche Bedürfnisse. Welchen Weg könnt ihr gehen, damit sich eure Bedürfnisse nach Vertrauen und Sicherheit dennoch erfüllen?", fragt er die beiden.

Welche Ideen Raffaela Ratte und Radu Ratte einfallen, erfährst du auf der nächsten Seite.

Raffaela möchte Sicherheit und Radu braucht Vertrauen. Was können die beiden tun, um eine passende Lösung zu finden? Kreuze an.

◯ Raffaela schreibt Situationen auf, in denen sie eifersüchtig ist. Später schreibt sie dazu, wie sich die Situation positiv entwickelt hat, und teilt Radu diesen Lernprozess von ihr mit.

◯ Raffaela und Radu machen für eine Weile in ihrer Freizeit alles gemeinsam, damit sie den Alltag des anderen erleben.

◯ Hast du noch eine andere Idee? Schreibe/Zeichne sie auf.

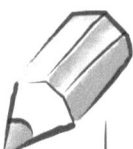

Hast du dich schon einmal wie Raffaela oder Radu gefühlt? Was war da los? Halte deine Gedanken hier fest.

Harry Haselmaus, Hazel Haselmaus und die schmerzhafte Abwendung

Tieftraurig und einsam sitzt Harry Haselmaus im Mäusebau. Seine Gedanken kreisen ständig um Hazel Haselmaus.

„Mit niemandem auf der Welt möchte ich lieber zusammen sein als mit ihr", denkt Harry Haselmaus.

Doch Hazel Haselmaus wendet sich seit einiger Zeit konsequent von ihm ab. Ganz gleichgültig, was er macht. Deshalb fühlt sich Harry Haselmaus verlassen und ungeliebt.

Hazel Haselmaus ist erschöpft und genervt. Sie möchte endlich selbstbestimmt leben, ohne sich rechtfertigen zu müssen.

„Unsere Werte stimmen nicht mehr überein", stellt Hazel Haselmaus leicht wehmütig fest. Die schönen gemeinsamen Zeiten sind unvergessen, doch die Kluft zwischen ihr und Harry Haselmaus ist einfach zu groß.

„Ich möchte meinen eigenen Weg gehen. Es gibt kein zurück", beschließt sie deshalb.

Giovanni Giraffe kommt dazu fragt: „Harry, bist du gerade sehr traurig?"

„Ja, ich möchte doch nur von Hazel geliebt werden. Aber das ist einfach nicht möglich", antwortet Harry Haselmaus tonlos.

„Und du, Hazel, bist du gereizt?"

„Ja, und wie! Ich fühle mich so eingeengt", stöhnt sie.

„Du, Harry, willst Nähe und geliebt werden?", ist Giovanni Giraffe auf Spurensuche. „Ja, genau", meint Harry Haselmaus." „Und du, Hazel, willst selbstbestimmt sein und Freiheit erleben?" „Ja, ich lebe schließlich nur einmal", antwortet Hazel trotzig.

„Ich verstehe euch beide", meint Giovanni Giraffe. „Das sind ziemlich unterschiedliche Bedürfnisse. Welchen Weg könnt ihr gehen, damit sich eure Bedürfnisse nach geliebt werden und Freiheit dennoch erfüllen?", fragt er die beiden.

Welche Ideen Harry Haselmaus und Hazel Haselmaus einfallen, erfährst du auf der nächsten Seite.

Harry möchte geliebt werden, und Hazel braucht Freiheit. Was können die beiden tun, um eine passende Lösung zu finden? Kreuze an.

◯ Sie entscheiden sich für eine Beziehungspause mit einem geplanten Wiedersehen. Bei diesem prüfen die beiden, wie sie füreinander empfinden.

◯ Sie trennen sich. Harry lässt die gemeinsame Zukunft los und trauert. Hazel bricht in ihr neues Leben auf, mit wertschätzenden Gedanken an das, was sie mit Harry verbunden hat.

◯ Hast du noch eine andere Idee? Schreibe/Zeichne sie auf.

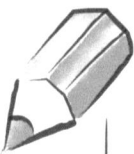

Hast du dich schon einmal wie Harry oder Hazel gefühlt?
Was war da los? Halte deine Gedanken hier fest.

Nando Nasenbär, Nanni Nasenbär und das väterliche Aufräum-Chaos

„War heute schon wieder dein pingeliger Vater hier und hat aufgeräumt?", fragt Nando Nasenbär seine Frau, als er müde nach der Arbeit nach Hause kommt.

„Ja, ich freue mich, wenn er uns unterstützt", antwortet Nanni Nasenbär gut gelaunt.

„Ich möchte das aber nicht! Das ist unser Zuhause. Dein Vater räumt nämlich nicht wirklich auf, sondern er stopft alle meine Sachen beliebig in die Schränke", wettert Nando Nasenbär.

„Sei bitte nicht so kleinlich. Dank seiner Hilfe habe ich mehr Zeit für die Kinder und für dich!", beschwichtigt Nanni Nasenbär.

„Ich habe genug vom sehr speziellen Ordnungssinn deines Vaters. Es ist Zeit für eine bezahlte Haushaltshilfe, dann hat dein Vater auch keinen Grund mehr, uns jeden Tag zu besuchen", sagt Nando Nasenbär entschlossen und verlässt den Raum.

Giovanni Giraffe kommt dazu und fragt: „Nando, bist du gerade sehr verärgert?"

„Ja, ich möchte, dass Grenzen und Privatsphäre in unserem Haus akzeptiert werden", sagt Nando Nasenbär bestimmt.

„Und du, Nanni, bist du überfordert?"

„Ja, der Familienalltag ist anstrengend. Ich möchte, dass mein Vater und seine spezielle Ordnungsliebe respektiert werden und er weiterhin zu uns kommen kann", erklärt Nanni Nasenbär ihren Standpunkt.

„Ich verstehe euch beide", meint Giovanni Giraffe. „Das sind ziemlich unterschiedliche Bedürfnisse. Welchen Weg könnt ihr gehen, damit sich eure Bedürfnisse nach Respekt und Unterstützung dennoch erfüllen?", fragt er die beiden.

Welche Ideen Nando Nasenbär und Nanni Nasenbär einfallen, erfährst du auf der nächsten Seite.

Nando möchte Respekt und Nanni braucht Unterstützung. Was können die beiden tun, um eine passende Lösung zu finden? Kreuze an.

◯ Die beiden treffen sich mit Nannis Vater und besprechen ganz offen, was Nanni und Nando wichtig ist und welche Grenzen es in ihrem Haus gibt.

◯ Nanni kündigt Nando genau an, wann ihr Vater kommt, dann kann er vorher seinen Bereich absperren.

◯ Hast du noch eine andere Idee? Schreibe/Zeichne sie auf.

Hast du dich schon einmal wie Nando oder Nanni gefühlt?
Was war los? Halte deine Gedanken hier fest.

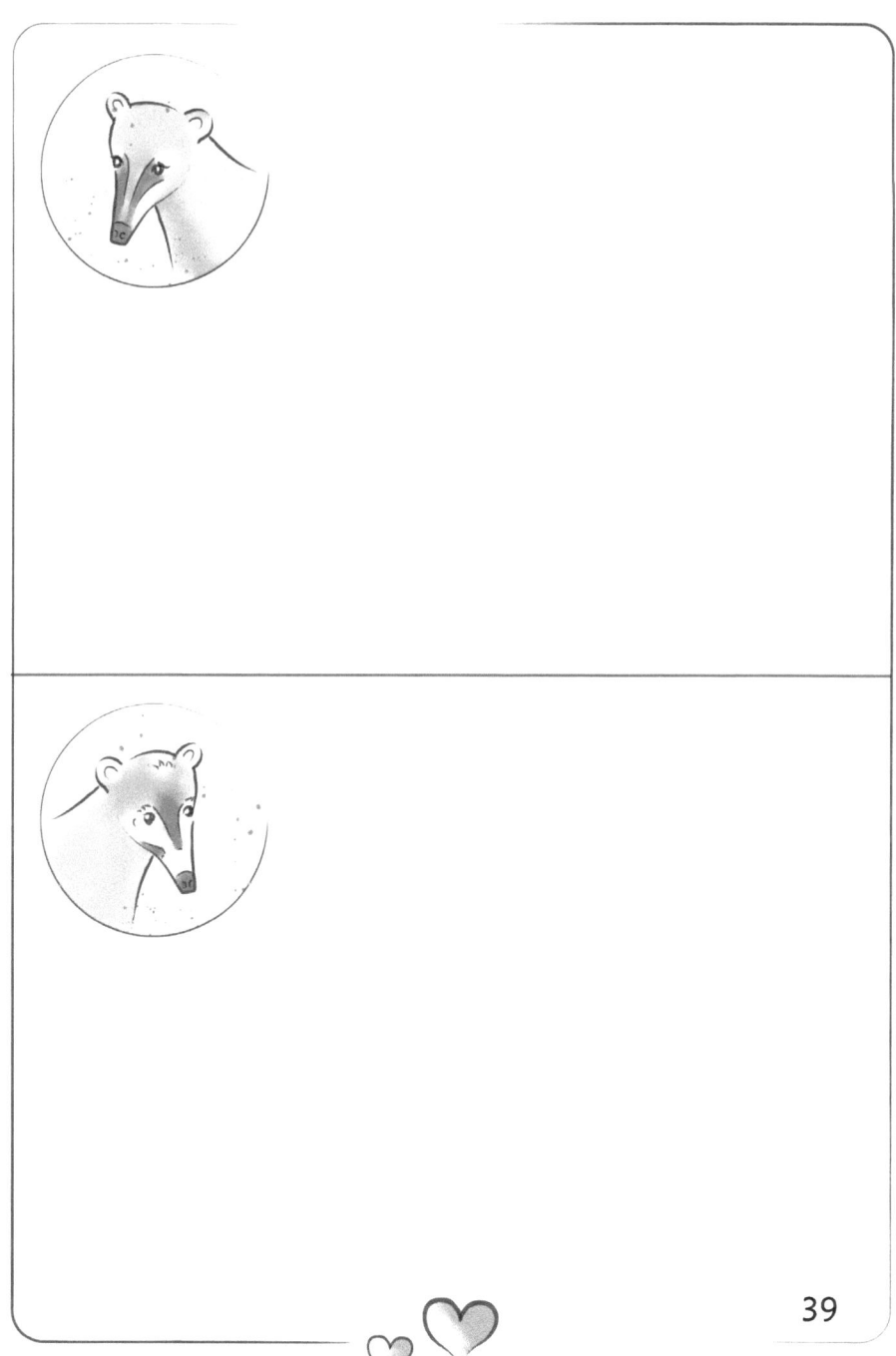

Lothar Löwe, Lorna Löwin und die verjagte Familiengründung

Lothar Löwe sitzt auf seinem Felsen und blickt sinnierend in die Weite: „Dieses wunderbare Land teilen wir uns nun schon seit geraumer Zeit, geliebte Lorna. Ich möchte die unbeschwerte Weite auch gerne mit unseren Kindern erleben. Ich sehne mich danach, ihnen den Fluss, das Jagen und das Löwenleben zu zeigen."

Lothar Löwe schüttelt sein Fell, brüllt mit sonorem Klang, wendet sich seiner Geliebten zu und sagt dann mit voller Stimme: „Ja, meine Liebste, ich will mit dir eine Familie gründen."

Lorna Löwin verschlägt es die Sprache.

„Damit hätte ich jetzt nicht gerechnet. Ich wollte dich nämlich fragen, ob du mit mir für die nächsten Monate ins dunkle Tal auf die Jagd gehen möchtest", erwidert sie mit rauer Stimme. „Kinder ändern alles. Können wir dann noch so spontan leben, wie wir es jetzt tun?", ist sich Lorna Löwe unsicher.

Giovanni Giraffe kommt dazu und fragt: „Lothar, bist du gerade sehr enttäuscht?"

„Ja, ich sehne mich nach einer Familie, doch Lorna hat leider gänzlich anderes im Sinn", seufzt Lothar Löwe.

„Und du, Lorna, stresst dich die Aussicht, nicht mehr flexibel sein zu können?"

„Ja, ich mag wendig und ungebunden sein", bekräftigt Lorna.

„Ich verstehe euch beide", meint Giovanni Giraffe. „Das sind ziemlich unterschiedliche Bedürfnisse. Welchen Weg könnt ihr gehen, damit sich eure Bedürfnisse nach Sinnhaftigkeit durch eine Familiengründung und Flexibilität dennoch erfüllen?", fragt er die beiden.

Welche Ideen Lothar Löwe und Lorna Löwin einfallen, erfährst du auf der nächsten Seite.

Lothar möchte Sinnhaftigkeit und Lorna braucht Flexibilität. Was können die beiden tun, um eine passende Lösung zu finden? Kreuze an.

○ Lothar übernimmt die Verantwortung für das zukünftige Familienleben und unterstützt Lorna bei ihrem flexiblen Leben.

○ Die beiden wägen ab, ob eine gemeinsame Lösung möglich ist oder sie in Zukunft getrennte Wege gehen.

○ Hast du noch eine andere Idee? Schreibe/Zeichne sie auf.

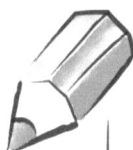

Hast du dich schon einmal wie Lothar oder Lorna gefühlt? Was war da los? Halte deine Gedanken hier fest.

Daniel Dackel, Davina Dackel und die erschöpfte Fernbeziehung

„Ich vermisse dich so sehr, mein Schatz!", wendet sich Daniel Dackel an Davina Dackel. „Unsere Fernbeziehung war nur für ein Jahr vereinbart, doch nun sind es schon zwei. Ich möchte nicht mehr zu jedem Treffen alleine gehen. Auch fragen alle nach dir und manche munkeln, dass es dich gar nicht mehr gibt", beschwert sich Daniel Dackel.

„Du weißt doch selbst am besten, dass es mich gibt. Und die Wochenenden verbringen wir sowieso zusammen", versucht Davina Dackel, die Wogen zu glätten.

„Dumdideldackel, am Wochenende bist du immer erschöpft und wir bleiben deshalb meistens zu Hause. Ich wünsche mir so sehr, dass wir beide als Paar sichtbar sind und gemeinsam etwas unternehmen", bestärkt Daniel Dackel seine Wahrnehmung.

Giovanni Giraffe kommt dazu und fragt: „Daniel, bist du gerade sehr frustriert?"

„Ja, weil ich mir mehr Zeit für uns als Paar und unsere gemeinsamen Aktivitäten wünsche", antwortet er.

„Und du, Davina, bist du zufrieden, so wie es ist?"

„Ja, ich schätze die Ruhe am Wochenende. Vor allem bin ich dankbar, dass wir uns endlich gefunden haben und so gut verstehen", sagt Davina Dackel und streichelt liebevoll über Daniels rechte Vorderpfote.

„Ich verstehe euch beide", meint Giovanni Giraffe. „Das sind ziemlich unterschiedliche Bedürfnisse. Welchen Weg könnt ihr gehen, damit sich eure Bedürfnisse, als geselliges Paar gesehen zu werden und alleine Privatsphäre zu genießen, dennoch erfüllen?", fragt er die beiden.

Welche Ideen Daniel Dackel und Davina Dackel einfallen, erfährst du auf der nächsten Seite.

Daniel möchte als geselliges Paar gesehen werden, und Davina braucht alleine mit Daniel Privatsphäre. Was können die beiden tun, um eine passende Lösung zu finden?

○ Sie planen die Wochenenden so, dass sowohl Zeit für gesellige Aktivitäten als auch Zeit für private Ruhe ist.

○ Die beiden schalten sich bei Einladungen jeweils online dazu.

○ Hast du noch eine andere Idee? Schreibe/Zeichne sie auf.

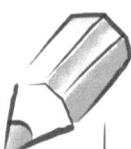

Hast du dich schon einmal wie Daniel oder Davina gefühlt?
Was war da los? Halte deine Gedanken hier fest.

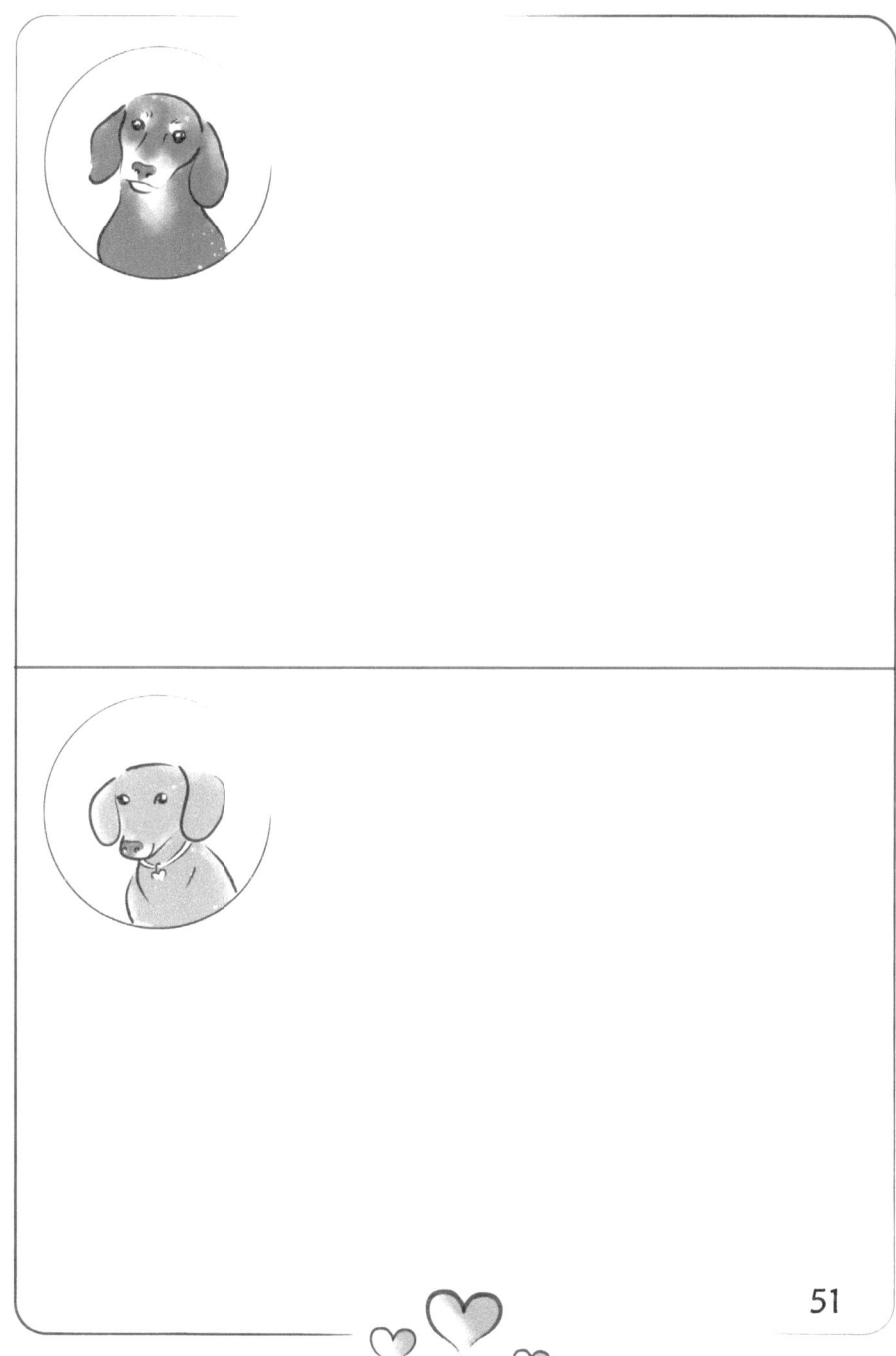

Muna Mufflon, Munira Mufflon und die schwere Situation

Ganz vorsichtig fragt Muna Mufflon ihre Partnerin Munira Mufflon: „Wie geht es dir?"

Munira Mufflon hat ein ziemliches schlimmes Erlebnis hinter sich. Einerseits möchte Muna Mufflon wirklich wissen, wie es ihrer Partnerin geht, andererseits will sie Munira und sich selbst nicht noch mehr belasten.

„Danke, es geht", flüstert Munira Mufflon leise. „Ich bin einfach sehr müde."

Schweigend sieht sie beim Fenster hinaus.

Muna Mufflon blickt sie hilflos an.

„Ich würde ihr liebend gerne helfen. Nur wie?", denkt sich Muna Mufflon. Außerdem fragt sie sich: „Wer kümmert sich um mich? Für mich ist die Situation auch sehr schwer."

Giovanni Giraffe kommt dazu und fragt: „Muna, bist du gerade sehr ratlos?"

„Ja, ich möchte helfen. Doch weil ich selbst mittendrin stecke, sehe ich gerade keinen klaren Weg vor mir. Ich wünschte, wir könnten miteinander über das Schreckliche reden", erklärt Muna Mufflon.

„Und du, Munira, bist du erschöpft?"

„Ja, ich bin so dünnhäutig, ich sehne mich nach ganz viel Schutz und Liebe."

„Ich verstehe euch beide", meint Giovanni Giraffe. „Das sind ziemlich unterschiedliche Bedürfnisse. Welchen Weg könnt ihr gehen, damit sich eure Bedürfnisse nach Unterstützung, Rücksichtnahme und Schutz dennoch erfüllen?", fragt er die beiden.

Welche Ideen Muna Mufflon und Munira Mufflon einfallen, erfährst du auf der nächsten Seite.

Muna möchte Unterstützung und Austausch und Munira braucht Rücksichtnahme und Schutz. Was können die beiden tun, um eine passende Lösung zu finden?

◯ Muna holt sich professionelle Unterstützung.
Nach einer Weile lädt sie Munira ein, für sich auch jemanden zu finden, der sie durch die schwierige Situation begleitet.

◯ Munira sagt Muna in ihrem Tempo, was sie braucht. Munira kann darauf vertrauen, dass Muna sich meldet, wenn etwas nicht passt.

◯ Hast du noch eine andere Idee? Schreibe/Zeichne sie auf.

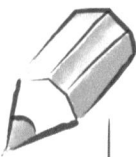

Hast du dich schon einmal wie Muna oder Munira gefühlt? Was war da los? Halte deine Gedanken hier fest.

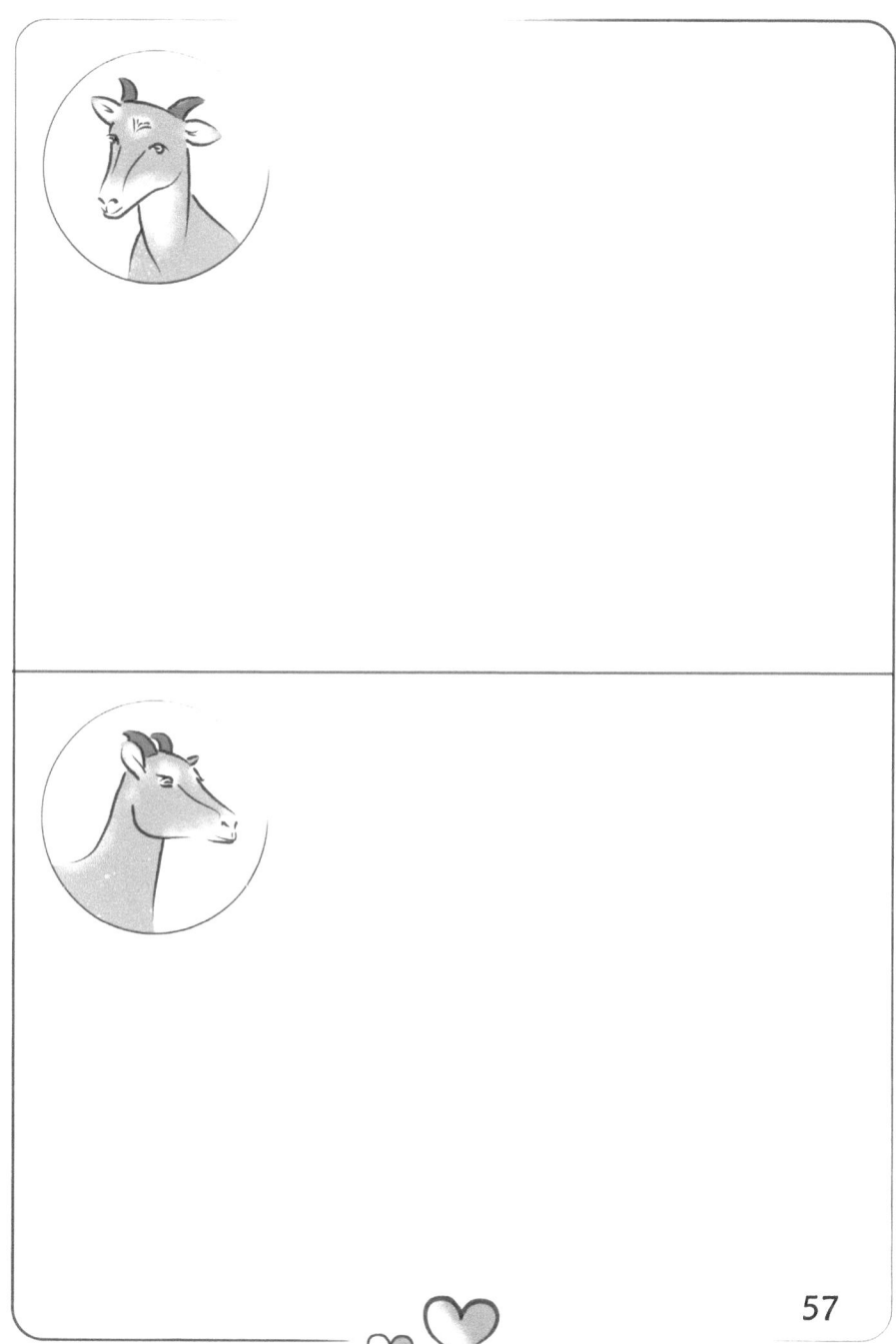

Kori Koala, Koami Koala und die offene Partnerschaft

„Wie stellst du dir das eigentlich vor? Einmal er, einmal ich?", fragt Kori Koala seine Freundin Koami Koala.

„Das weiß ich auch noch nicht so genau", entgegnet Koami Koala. „Ich liebe euch beide, jeden von euch auf eine besondere Weise. Und ich kann und will mich nicht für einen von euch beiden entscheiden", meint sie trotzig.

„Das wirst du aber müssen. Wenn nicht, nehme ich dir die Entscheidung ab und bin weg", kontert Kori Koala.

„Nein, das kannst du nicht machen! Wieso darf ich nicht dich und ihn gleichermaßen lieben?", bleibt Koami Koala hartnäckig.

„Du kannst natürlich mehrere Koalas lieben, aber ich will nur mit einem Koala eine Beziehung führen", vertritt Kori Koala seinen Standpunkt.

Giovanni Giraffe kommt dazu und fragt: „Kori bist du gerade sehr unsicher?"

„Ja, die Vorstellung, dass Koami bei einem Freund am Eukalyptusbaum sitzt, ist wie ein Stich in mein Herz", stellt Kori Koala klar.

„Und du, Koami, bist du frustriert?"

„Ja, denn ich kann und will mich nicht für einen von beiden entscheiden", meint Koami Koala.

„Ich verstehe euch beide", meint Giovanni Giraffe. „Das sind ziemlich unterschiedliche Bedürfnisse. Welchen Weg könnt ihr gehen, damit sich eure Bedürfnisse nach emotionaler Sicherheit und Authentizität dennoch erfüllen?", fragt er die beiden.

Welche Ideen Kori Koala und Koami Koala einfallen, erfährst du auf der nächsten Seite.

Kori möchte emotionale Sicherheit und Koami möchte authentisch sein. Was können die beiden tun, um eine passende Lösung zu finden?

○ Sie entscheiden, dass Koami neugierig sein und sich ausprobieren darf. Allerdings immer nur für einen Tag oder eine Nacht – und Kori soll sie davon besser nichts erzählen.

○ Koami sagt Kori dann, wenn er es braucht, was sie an ihm schätzt und was ihn so einzigartig macht. Zugleich kann sie ihm von ihrer Beziehung zu ihrem Freund erzählen.

○ Hast du noch eine andere Idee? Schreibe/Zeichne sie auf.

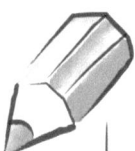

Hast du dich schon einmal wie Kori oder Koami gefühlt?
Was war da los? Halte deine Gedanken hier fest.

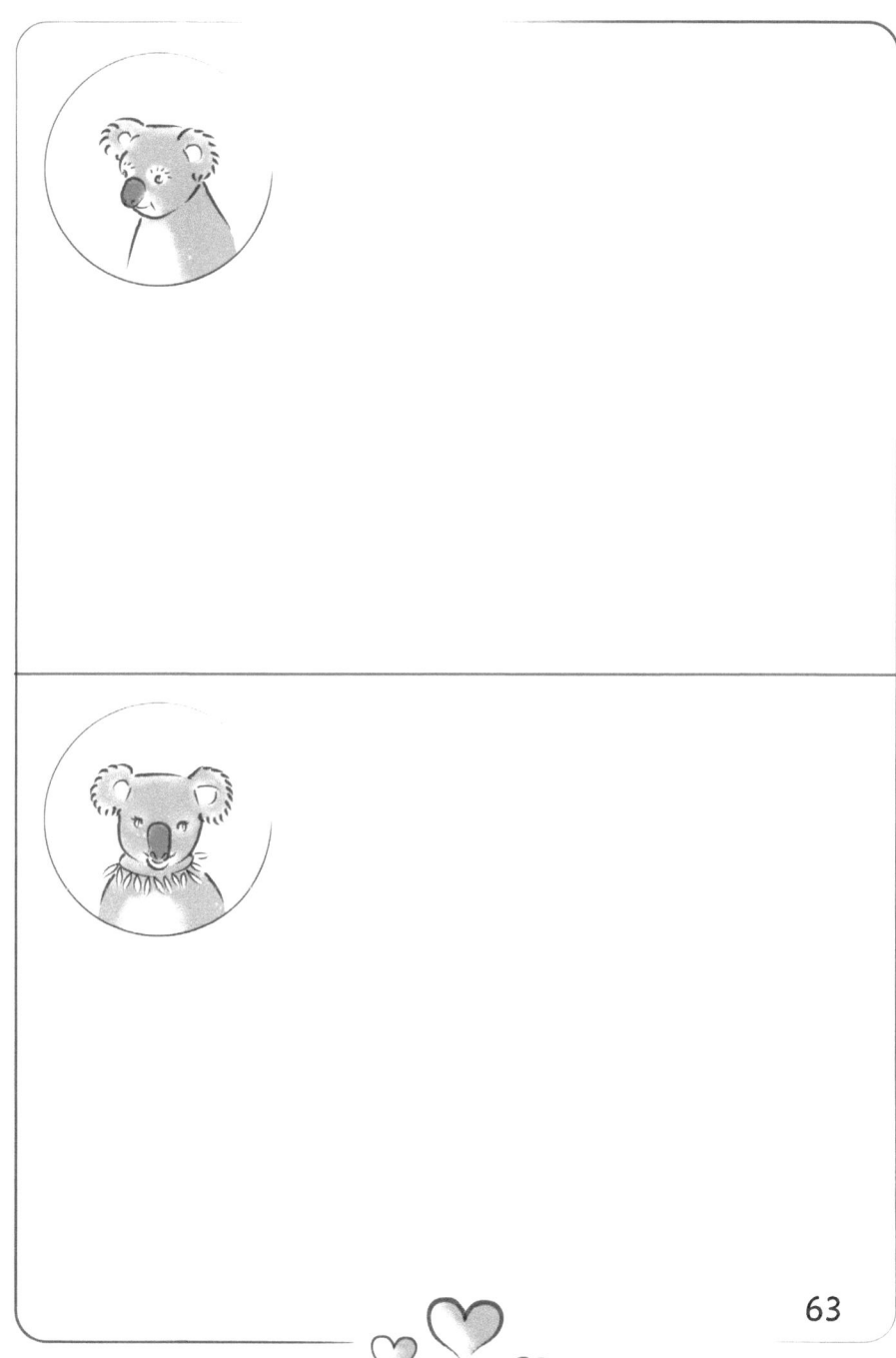

Feliza Feuersalamander, Fernando Feuersalamander und die gemeinen Witze

Wütend schmeißt Feliza Feuersalamander ihre Tasche in die Ecke. „Wie kannst du nur?", faucht sie Fernando Feuersalamander entgeistert an. „Wie kann ich was?", fragt dieser neugierig. „Wie kannst du mich vor unseren Freunden derartig bloßstellen? Ich finde das richtig gemein von dir!" Feliza Feuersalamander beginnt zu schluchzen.

„Jetzt hab dich doch nicht so, das war doch nur ein kleiner Spaß", versucht Fernando Feuersalamander, Feliza Feuersalamander versöhnlich zu stimmen. Doch die meckert unaufhaltsam weiter.

„Stopp! Das finde ich jetzt völlig überzogen und ungerecht. Fast immer machst du Witze auf meine Kosten", sagt Fernando Feuersalamander ernst. Feliza Feuersalamander geht nicht darauf ein und schmollt weiter.

„Offensichtlich hörst du mir nicht zu. Heute schlafe ich im Gästezimmer. Ich brauche Raum für mich", kündigt Fernando Feuersalamander genervt an.

Der Abstand zu Feliza Feuersalamander tut ihm gut. Sie hingegen wälzt sich unruhig hin und her, denn sie vermisst ihren Fernando.

Giovanni Giraffe kommt dazu und fragt: „Fernando, bist du gerade sehr gekränkt?"

„Ja, diese Ungerechtigkeit tut weh. Mir fehlt der Respekt. Da brauche ich Distanz", bekräftigt Fernando.

„Und du, Feliza, bist du verletzt?"

„Ja, seine Distanziertheit schmerzt mich. Und respektvoll möchte auch ich behandelt werden", gesteht Feliza Feuersalamander.

„Ich verstehe euch beide", meint Giovanni Giraffe. „Das sind ziemlich unterschiedliche Bedürfnisse. Welchen Weg könnt ihr gehen, damit sich eure Bedürfnisse nach Respekt, Abstand und Verbundenheit dennoch erfüllen?", fragt er die beiden.

Welche Ideen Feliza Feuersalamander und Fernando Feuersalamander einfallen, erfährst du auf der nächsten Seite.

Feliza möchte Verbundenheit und Respekt und Fernando braucht Abstand. Was können die beiden tun, um eine passende Lösung zu finden?

◯ Feliza baut durch einen Brief wieder Verbindung auf. Fernando kann ihn lesen, wann er will, und bei Bedarf seine Distanz halten.

◯ Fernando teilt mit, wie lange er Raum für sich selbst braucht und wann er wieder zu Nähe und Verbindung bereit ist.

◯ Hast du noch eine andere Idee? Schreibe/Zeichne sie auf.

Hast du dich schon einmal wie Feliza und Fernando gefühlt? Was war da los? Halte deine Gedanken hier fest.

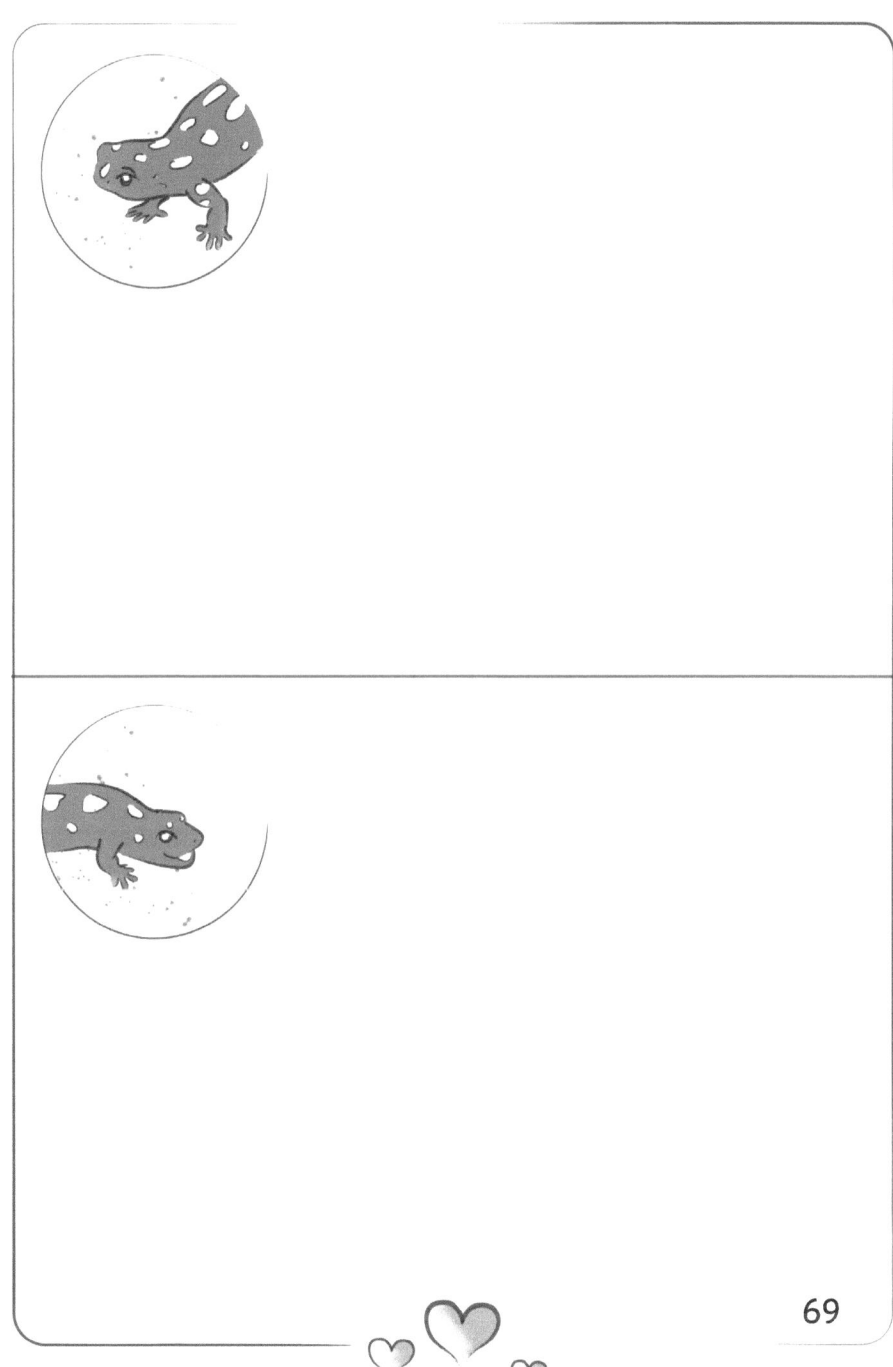

Heddy Henne und die wehmütige Einsamkeit

Heddy Henne sieht sich voller Wehmut einen Liebesfilm an.

„Ach, wie gerne hätte ich jemanden, der zärtlich zu mir ist, mit mir schöne Dinge unternimmt und gemeinsam mit mir durchs Leben geht", seufzt sie.

Seit langem sehnt sie sich nach einer Partnerschaft.

„Vielleicht muss ich nur ein wenig sportlicher, freundlicher und geselliger werden, dann finde ich schon jemanden", ermutigt sie sich.

Doch was sie auch macht, keine Beziehung ist von echter Dauer. Denn nie scheint es wirklich zu passen.

Einsam und traurig sitzt Heddy Henne auf der hölzernen Hühnerstange.

Giovanni Giraffe kommt dazu und fragt: „Heddy, bist du gerade sehr unglücklich?"

„Ja, ich habe genug davon, alleine herumzuhocken und alles alleine zu machen, während andere zu zweit Würmer aus dem Komposthaufen picken und jemanden zum Austauschen haben", schnieft Heddy Henne.

„Ich verstehe dich", meint Giovanni Giraffe. „Geborgenheit ist ein wichtiges Bedürfnis. Welchen Weg kannst du gehen, damit sich dein Bedürfnis nach Geborgenheit und einer festen Verbindung dennoch erfüllt?", fragt er sie.

Welche Ideen Heddy Henne einfallen, erfährst du auf der nächsten Seite.

Heddy möchte Geborgenheit und eine feste Partnerschaft. Was kann sie tun, um eine passende Lösung zu finden?

◯ Heddy schreibt auf, mit wie vielen Artgenossen sie in enger Verbindung steht. So erkennt sie, dass sie auch ohne feste Partnerschaft Geborgenheit erlebt.

◯ Heddy entscheidet sich, bei der nächsten Beziehung weniger kritisch zu sein, sondern jenen Teil zu genießen, der ihr das gibt, was sie braucht.

◯ Hast du noch eine andere Idee? Schreibe/Zeichne sie auf.

Hast du dich schon einmal wie Heddy gefühlt? Was war da los? Halte deine Gedanken hier fest.

Auf der nächsten Seite ist Platz für einen Liebesbrief an eine Person, die du liebst. Du kannst den Liebesbrief auch an dich selbst richten und alle deine liebenswerten Seiten betonen.

Dein Liebesbrief

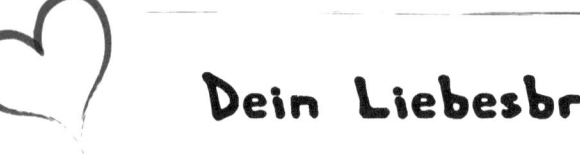

Die Tiere als Bedürfniskarten

Hier findest du alle Tiere und ihre Bedürfnisse auf Bedürfniskarten. Du kannst sie ausschneiden, bunt anmalen und alleine oder in der Partnerschaft verwenden.

In verzwickten Situationen helfen dir die Bedürfniskarten dabei, herauszufinden, was du gerade brauchst.

Gaggi
— INFORMATION —

Gambino
— HARMONIE —

Winnie
— KÖRPERLICHE NÄHE —

Willy
— RUHE —

Raffaela
— SICHERHEIT —

Radu
— VERTRAUEN —

Harry
— GELIEBT WERDEN —

Hazel
— FREIHEIT —

Nando

— RESPEKT —

Nanni

— UNTERSTÜTZUNG —

Lothar

— SINNHAFTIGKEIT —

Lorna

— FLEXIBILITÄT —

83

Daniel

— GESELLIGKEIT —

Davina

— ALLEINE SEIN —

Muna

— UNTERSTÜTZUNG —

Munira

— SCHUTZ —

Kori

— SICHERHEIT —

Koami

— AUTHENTIZITÄT —

Feliza

— VERBUNDENHEIT —

Fernando

— ABSTAND —

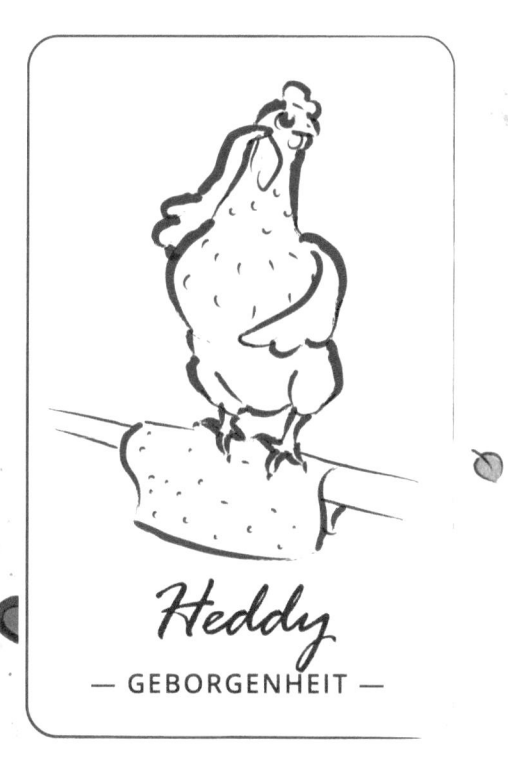

Heddy

— GEBORGENHEIT —

Autorinnen & Illustratorin

Mit Menschen in einer guten Beziehung zu sein, ist für Mag. Hanna Grubhofer der wesentliche Bestandteil ihres Lebens. Die Gewaltfreie Kommunikation hilft ihr seit fast 30 Jahren Partnerschaft. Mit ihrem Mann kennt Hanna viele Höhen und Tiefen einer Beziehung und weiß, wie man diese mit der richtigen Kommunikation gut durchleben kann. hannagrubhofer.at

Für Mag. Sigrun Eder ist Liebe eine Superkraft. Damit die Liebe lebendig bleibt und den Alltag übersteht, übt Sigrun täglich die Giraffensprache. Dann funktioniert es wunderbar, die gegenseitigen Bedürfnisse zu erkennen, wie sie als Psychologin und Psychotherapeutin herausgefunden hat. sigruneder.com

Liebe ist allgegenwärtig und man sollte sie auch in alltäglichen Situationen immer wieder zeigen, findet Hedda Christians. Als Grafik-Designerin und Illustratorin möchte sie den Alltag mit ihren Bildern ein wenig bunter und freundlicher gestalten. hausgemacht.net

SOWAS-Buch.de

Hanna Grubhofer, Sigrun Eder:
Was brauchst du?
Mit der Giraffensprache und Gewaltfreier
Kommunikation Konflikte kindgerecht lösen

Das fröhlich illustrierte Bilder-Erzählbuch unterstützt Kinder dabei, Gefühle und Bedürfnisse zu erkennen, um für jeden eine passende Lösung zu finden. Die Gewaltfreie Kommunikation (GFK) hilft dabei, Konflikte zu lösen.

Zahlreiche Mit-Mach-Seiten zum Malen, Aufschreiben und Reden im Anschluss an die Geschichte befähigen junge LeserInnen dazu, sich selbst und andere besser zu verstehen. Als Bonus-Material gibt es die Tiere und ihre Bedürfnisse zum Ausmalen und Ausschneiden. Auf Karton geklebt können Kinder so ihre eigenen Bedürfniskärtchen basteln und Lösungen für Konflikte finden.

Was brauchst du jetzt?
Mit der Giraffensprache und Gewaltfreier
Kommunikation Selbstfürsorge
kindgerecht vermitteln

Band 2 des Bestsellers zeigt, wie innere Konflikte mit Hilfe der GFK gelöst werden und Selbstfürsorge kindgerecht vermittelt werden kann.

Was brauchst du im Advent?
Der Familien-Adventskalender in
Giraffensprache für Gewaltfreie
Kommunikation mit Kindern und Eltern

Zum Ausmalen und Mitmachen für die ganze Familie.

SOWAS-Buch.de

Skillstraining für Kinder und Jugendliche ab 12.

Skillstraining EXPRESS: Mit den besten Skillsübungen rasch zum Erfolg

Allein oder in Begleitung rasch Problemsituationen erkennen.

Ist Achtsamkeit für dich noch ein Fremdwort und willst du deine Sinne schärfen?

Stehst du unter Stress und kommst du dadurch in unangenehme Situationen?

Möchtest du deine Gefühle besser verstehen und steuern?

Vielleicht hast du bereits einige Dinge ausprobiert, doch das Richtige war noch nicht dabei. Wenn du für einen neuen Weg bereit bist, lies dieses Handbuch. Es führt dich im Express-Modus durch das bewährte Skillstraining. So wirst du rasch ans Ziel kommen und nebenbei deinen Selbstwert magisch steigern.

Lerne, Schattierungen des Lebens zu erkennen und zu akzeptieren.

Schreibe deine eigenen Ideen und Beobachtungen direkt ins Handbuch!

Dieses Buch ist für

• Jugendliche, die Probleme mit Stresstoleranz, Emotionsregulation, zwischenmenschlichen Beziehungen und Selbstwert haben

• Eltern, die ihren Kindern ein fachlich fundiertes Handbuch schenken wollen, das ihnen hilft, sicherer mit alltäglichen und besonderen Herausforderungen umzugehen

• professionelle Anwender, die kreatives Skillstraining als Ergänzung im Einzelsetting und/oder Gruppensetting einsetzen möchten

Dein Verlag.

editionriedenburg.at

Bibliografische Information der Deutschen Nationalbibliothek
Die Deutsche Nationalbibliothek verzeichnet diese Publikation in der Deutschen
Nationalbibliografie; detaillierte bibliografische Daten sind im Internet über
http://dnb.d-nb.de abrufbar.

Dieses Buch ist in einer verlagskonform geschlechtsneutralen Schreibweise verfasst und soll alle Menschen dieser Welt ansprechen. Wir verstehen uns als Verlag für Diversität und Inklusion aller Persönlichkeiten, auch wenn in diesem Buch bestimmte stereoptype Charaktere abgebildet sind.

1. Auflage	April 2023
© 2023	edition riedenburg
Verlagsanschrift	Adolf-Bekk-Straße 13, 5020 Salzburg, Österreich
Internet	www.editionriedenburg.at
E-Mail	verlag@editionriedenburg.at

Lektorat	Dr. Heike Wolter, Regensburg
Satz und Layout	edition riedenburg
Herstellung	Books on Demand GmbH

ISBN 978-3-99082-122-0